WITHDRAWN

```
SPA J 690.092 BARGER
Barger, Jeff
Constructor
```

030320

Constructor

ROCKFORD PUBLIC LIBRARY

Jeff Barger y
Pablo de la Vega

Rourke Educational Media
A Division of Carson Dellosa Education
rourkeeducationalmedia.com

CONEXIONES ROURKE

de la ESCUELA a la CASA

ANTES Y DURANTE LAS ACTIVIDADES DE LECTURA

Antes de leer: *construcción de los conocimientos del contexto y el vocabulario*

Construir los conocimientos del contexto puede ayudar a los niños a procesar nuevas informaciones y fortalecer los saberes que ya poseen. Antes de leer un libro es importante ahondar en lo que los niños ya saben sobre el asunto. Esto les ayudará a desarrollar el vocabulario e incrementar su comprensión lectora.

Preguntas y actividades para construir los conocimientos del contexto

1. Mira la tapa del libro y lee el título. ¿De qué piensas que tratará el libro?
2. ¿Qué sabes ya de ese tema?
3. Hojea un libro y echa un vistazo a sus páginas. Mira el índice, las fotografías, los pies de foto y las palabras en negritas. ¿Estas características del texto te dan alguna información o intuiciones acerca de lo que vas a encontrar en el libro?

Vocabulario: el vocabulario es clave para la comprensión lectora

Sigue estas indicaciones para iniciar una conversación acerca de cada palabra.
- Lee las palabras del vocabulario
- ¿Qué viene a tu mente cuando ves cada palabra?
- ¿Qué piensas que significa cada palabra?

Palabras del vocabulario:
- *armazón*
- *construir*
- *obra*
- *refugio*

Durante la lectura: *leer para entender y encontrar significados.*

Para lograr una comprensión profunda de un libro, hay que animar a los niños a hacer uso de estrategias de lectura atenta. Durante la lectura, es importante que los niños hagan pausas y conexiones. Dichas conexiones dan como resultado análisis más profundos y un mejor entendimiento del libro.

Leyendo con atención un texto

Durante la lectura, pide a los niños que hagan una pausa y hablen de lo siguiente:
- Cualquier parte confusa.
- Cualquier palabra desconocida.
- Texto con texto, texto con uno mismo, texto en conexión con el mundo.
- La idea principal de cada capítulo o encabezado.

Anima a los niños a usar claves contextuales para determinar el significado de cualquier palabra desconocida. Estas estrategias ayudarán al niño a aprender a analizar el texto de manera más completa durante la lectura.

Cuando acabes de leer este libro, ve a la penúltima página para encontrar una **actividad posterior a la lectura.**

Índice

Ayudantes comunitarios 4

Tipos de edificios 8

En el trabajo 12

Actividad 21

Glosario fotográfico 22

Índice analítico 23

Actividad posterior a la lectura.... 23

Acerca del autor................. 24

Ayudantes comunitarios

Los ayudantes comunitarios están por todas partes. Hacen que nuestra vida sea mejor.

La gente que vive o trabaja en la misma área es parte de una comunidad.

5

Los constructores son ayudantes comunitarios. Los constructores **construyen** edificios.

El proyecto escrito para construir una casa se llama plano.

7

Tipos de edificios

Algunos trabajadores construyen hospitales. Algunos trabajadores construyen escuelas.

Muchas escuelas son construidas con ladrillos.

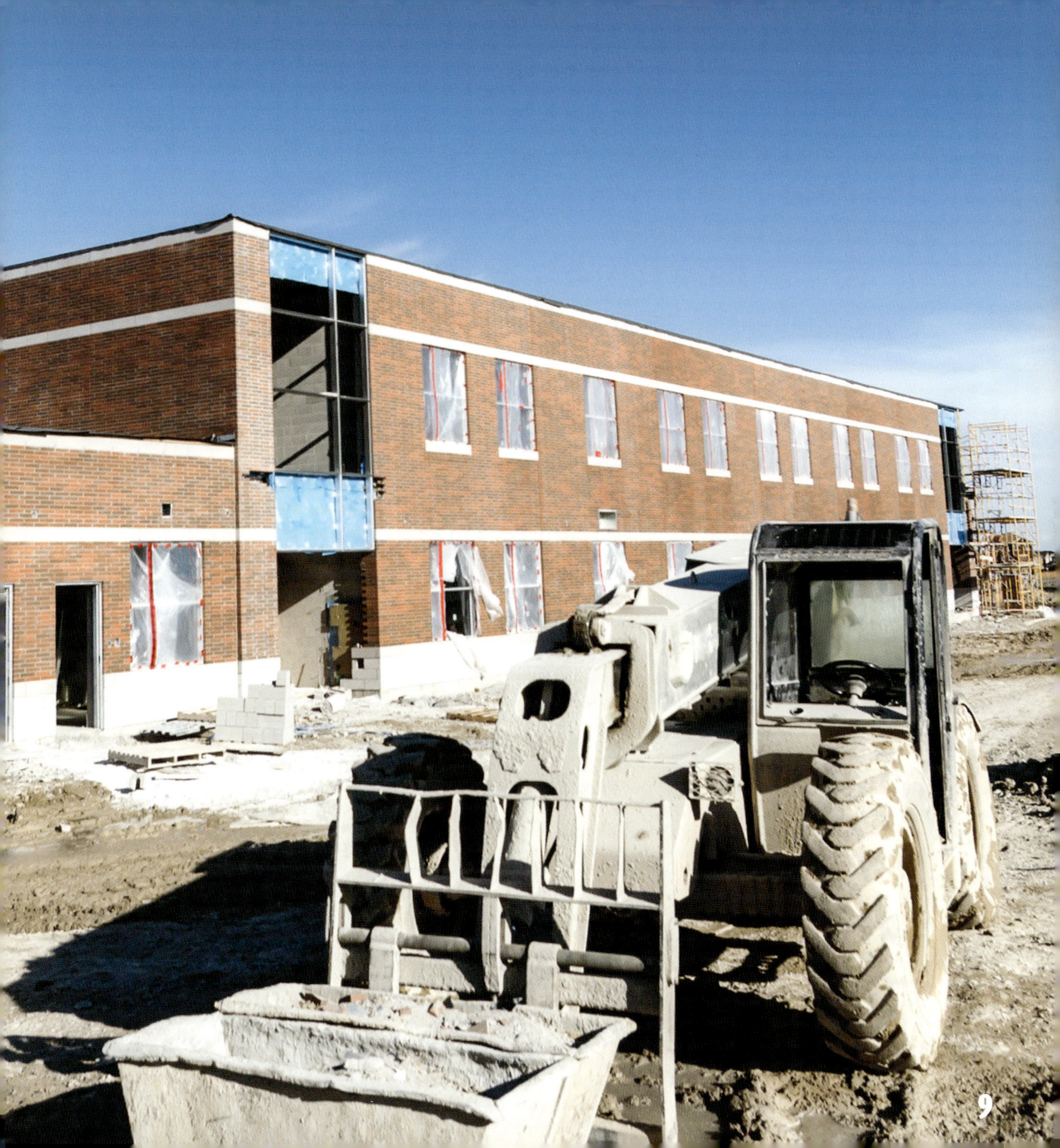

Algunos contruyen casas.

Algunos construyen rascacielos.

Los andamios permiten a los constructores trabajar en lugares altos.

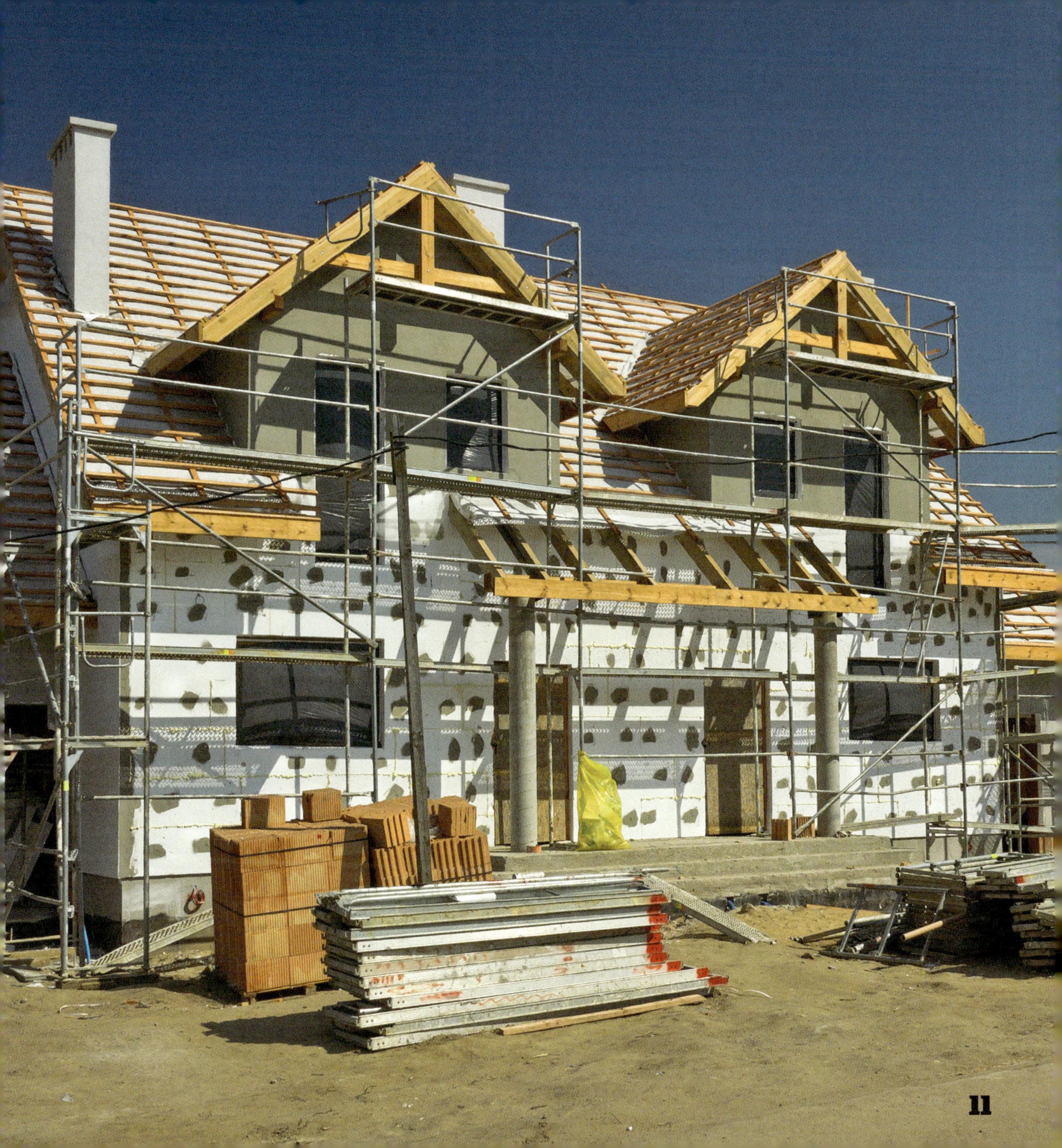

En el trabajo

El lugar donde trabaja un constructor se llama **obra**.

> El líder de los constructores se llama maestro de obra

13

Usan herramientas especiales.

La seguridad es importante. Las herramientas para la construcción pueden causar heridas.

15

Algunos constructores cortan la madera con serruchos. Otros hacen el **armazón** de acero.

Los trabajadores usan cascos duros para protegerse la cabeza.

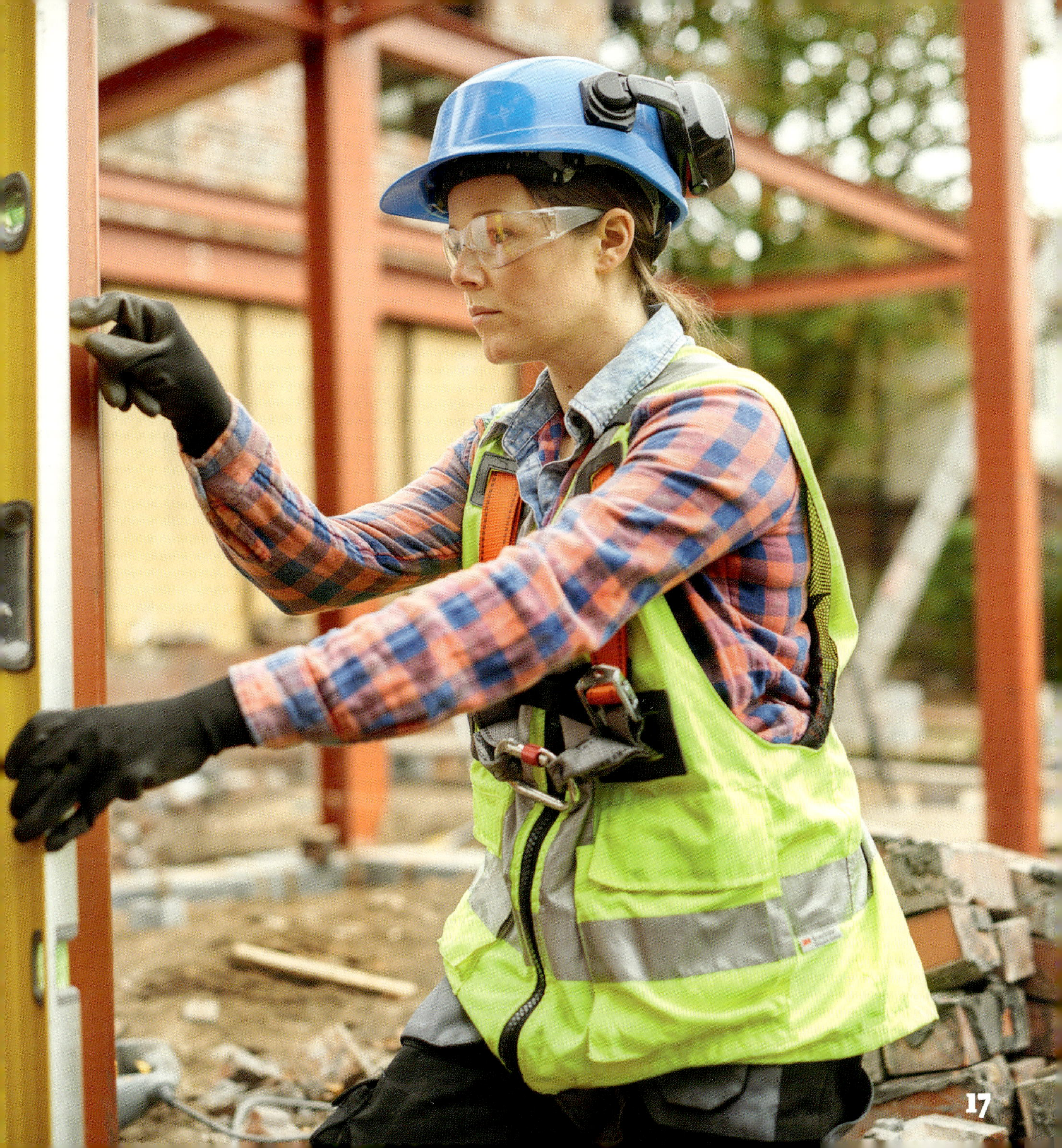

Los edificios nos ofrecen **refugio**.

Los edificios nos mantienen seguros.

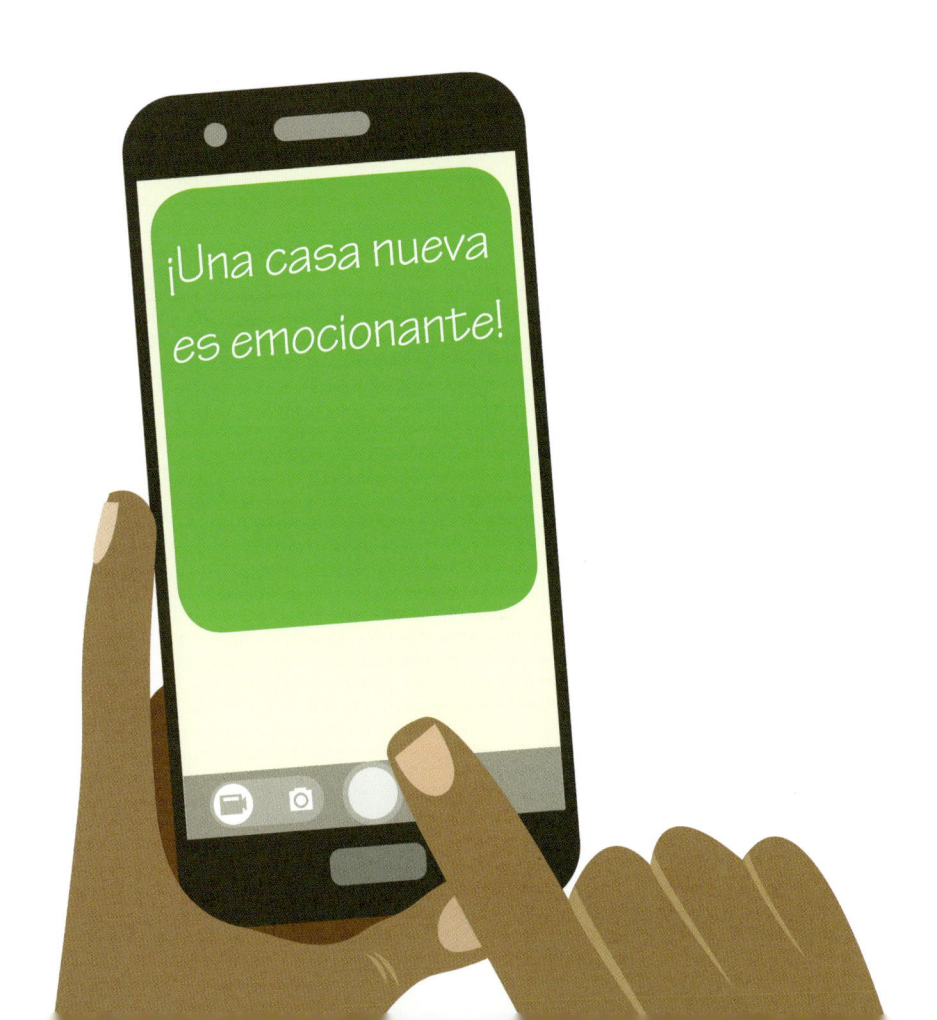

¡Una casa nueva es emocionante!

19

Los constructores construyen lugares donde podemos vivir, trabajar y jugar. Son ayudantes comunitarios importantes.

Actividad

Construye una comunidad

Qué necesitas
- cajas vacías (cajas de cereal, de zapatos u otras)
- tijeras
- cartulina
- pegamento o cinta adhesiva
- crayones
- marcador

Instrucciones

1. Estás construyendo una nueva comunidad. ¿Qué edificios necesitas? Escoge cinco para empezar.
2. Selecciona una o más cajas vacías para usar en cada edificio. Pide la ayuda de un adulto para recortar las puertas y ventanas.
3. Corta trozos de cartulina para cubrir cada edificio. Pégalos en su lugar.
4. Usa crayones o marcadores para decorar los edificios y hacer que parezcan reales.
5. Acomoda tus edificios como si fueran parte de una comunidad.

Glosario fotográfico

armazón: estructura básica que sirve de sostén para un edificio.

construir: hacer un edificio.

obra: el lugar donde se construye algo.

refugio: un lugar que ofrece protección del mal clima y el peligro.

Índice analítico

comunidad: 4
construcción: 14
edificios: 6, 8, 18

escuelas: 8
hospitales: 8
rascacielos: 10

Actividad posterior a la lectura

¿Qué edificio te gustaría agregar a tu comunidad? Dibújalo. Dale un nombre a tu edificio y describe lo que podría tener dentro.

Sobre el autor

Jeff Barger es escritor, bloguero y especialista en literatura. Vive en Carolina del Norte. Puede construir un sándwich, y eso es todo. Su tipo de edificio favorito es el rascacielos.

© 2020 Rourke Educational Media

All rights reserved. No part of this book may be reproduced or utilized in any form or by any means, electronic or mechanical including photocopying, recording, or by any information storage and retrieval system without permission in writing from the publisher.

www.rourkeeducationalmedia.com

Edición: Kim Thompson
Tapa y diseño interior: Kathy Walsh
Traducción: Pablo de la Vega
Edición en español: Base Tres

Photo Credits: cover, title page, p.20: ©andresr; p.5: ©Rawpixel.com; p.7, 22: ©Justin Horrocks; p.9: ©BrianGuest; p.11: ©ewg3D; p.13, 22: ©Steve Debenport; p.15: ©TommL; p.17, 22: ©sturti; p.19, 22: ©monkeybusinessimages

Library of Congress PCN Data

Constructor / Jeff Barger y Pablo de la Vega
(Ayudantes comunitarios)
ISBN 978-1-73163-014-8 (hard cover - spanish)(alk. paper)
ISBN 978-1-73163-013-1 (soft cover - spanish)
ISBN 978-1-73163-015-5 (e-Book - spanish)
ISBN 978-1-73163-374-3 (ePub - spanish)
ISBN 978-1-73161-424-7 (hard cover- english)(alk. paper)
ISBN 978-1-73161-219-9 (soft cover- english)
ISBN 978-1-73161-529-9 (e-Book- english)
ISBN 978-1-73161-634-0 (ePub- english)
Library of Congress Control Number: 2019945067

Rourke Educational Media
Printed in the United States of America,
North Mankato, Minnesota